Werners Gedichte

© Werner Höhn 2012
Werners Gedichte

Herstellung und Verlag:
Books on Demand GmbH, Norderstedt

ISBN 9783848222407

Werners Gedichte

INHALTSANGABE

Alles noch so mitnehmen

Alles noch
so mitnehmen
in den eigenen
Wahnsinn

da du
dein Ende
siehst

ist es dir
unerträglich

das
was dazwischen
liegt
ein Blick
darauf

der Hals
schnürt
sich zu
den Magen
verdreht´s...
und das
Blut
schießt durch
den Körper
oh Schreck...
Hochdruck

ist alles
zu spät
ändern
kann man
sowieso
nichts
mehr

Alles
noch so
mitnehmen
auf der Reise

in der Not...
man ist ja
alleine...?

käme nicht
der Tod

Am Tisch

Am Tisch
sitzend
ein Blatt Papier
meine Schulter
schwer
die Hand verkrampft...
doch kann
ich nicht
gehn

Am Tisch
sitzend
ein Rauschen
in meinem
Kopf
Ungeduld
und sich ergeben
von hier
und dort
ein Gedanke

Am Tisch
sitzend
zermahlen
von der
Mühle
des Alltags
schwer
wie Blei
und
leicht
wie eine Feder

Am Tisch
sitzend
den laufenden
Gedanken
einen Namen
geben
die Dinge
beschreiben...

ich lasse mich
treiben

Auf dem Weg

Auf dem Weg
im Ungewissen
in der Mitte
doch zerrissen
die Dinge
hier
die Dinge
dort
du stehst
hier
doch willst du
fort

Auf dem Weg
im Ungewissen
keine Vorstellung
von dem
was vor
und hinter
dir ist
von fern
und nah
kein Begriff
von Weite
in der Enge

und sich drehen
auf einem
Punkt
obwohl du dich
auf der Reise
befindest

Auf dem Weg
im Ungewissen
die sanfte Stimme
aus der Ferne
ein Schrei
ganz nah
du glaubst
durch die
Wüste zu
gehen

bemerkst nicht
wie das
Eis schmilzt

Auf dem Weg
ins Ungewisse
in deiner
Verkrampfung
du stolperst
über den
Stein
am Rand
deines Weges
und du
spürst nicht
das man
dich liebt

auf dem Weg
im Ungewissen

Aufrecht

Aufrecht
durch die Welt
gehen
hinsehen
und ertragen
auch
was dir
nicht gefällt

Aufrecht
durch die Welt
gehen
auch
wenn ein
böser Blick
dich trifft

Aufrecht durch
die Welt gehen
zeigen
das auch du
wer bist

Aufrecht
durch die Welt
gehen
ein wenig
Humor
und
Kindheit
sich bewahren

Aufrecht
durch die Welt
gehen
nicht nur
nach unten
auch
nach oben
sehn

Aufrecht durch
die Welt
gehn
du
als ein Teil
des Ganzen...
so ist es
zu
verstehn

Dunkel der Nacht

Dunkel
der Nacht
kannst du mich
sehen
in meinem
Zimmer
hab Licht
mir gemacht

Dunkel
der Nacht
du bist da
draußen

Ich hab mich
vor dir
zurück gezogen

Kommst du zu
mir
Dunkel der
Nacht

kannst du
den Dingen
einen Namen
geben
verliert sich
alles
in deiner
Finsternis

Dunkel
der Nacht
bist du so
schwarz
das man dich
nicht erkennen
kann

Dunkel
der Nacht
nach meinem
Schlaf
und meinen
Träumen
da bist du
fort

Dunkel
der Nacht
der Tag
ist gekommen

bist du
dann
an einem
anderen
Ort

Eigener Gang

Ist es der Versuch
über den eigenen
Schatten zu springen

zu sehen
wie klein
unwichtig
man ist

ich bin lange auf
dem Boden gekrochen
habe Berührung
zur Erde
mag ihren
Geruch
versuche
zu einer
eigenen Haltung
zu kommen
einen eigenen
Gang zu finden
zu einem Ausdruck
zu kommen

etwas zu gestalten
vorn
am Rand zu stehen
in das
Innere zu gelangen
über die Grenzen
hinaus
und noch
einmal betrachten
wieder aufstehen
werden lassen
Gestalt annehmen
Berührung

sich etwas - etwas
zu lassen
leicht werden
in die Weite
gehen

Kommunikation
ein Gegenüber
sein
den Weg finden
den man zu gehen
hat

schwingen im
Rhythmus
der Welten

begegnen
für einen Moment
die Augen schließen
träumen
der Wind
erzählt mir von
seinen Reisen
die Bäume
Geschichten
die Sterne
von unendlicher
Weite
und tief
in mir
da ist es zu finden

der Tag
die Nacht
verglichen
entstehen
Kreislauf

Erinnerung
die Zeit
Verbindung
Geburt
und der Weg
ins Leben
nicht der Tod

ein ständiges
sich erneuern
die Wiederkehr
die Ewigkeit

Freund

Mein Freund
warum kann ich
dich nicht erreichen
du stehst doch
vor mir
bist du mir nah

Mein Freund
warum nur
verstehst du meine
Worte nicht
Ich denk
wir sprechen
die gleiche Sprache
oder nicht

Mein Freund
wir sind die
gleichen Wege
gegangen
haben in der
selben Stadt gelebt

Mein Freund
haben als Kinder
zusammen gespielt
auf Bäume geklettert
die Gegend entdeckt
zur Schule gegangen
manch Ding
ausgeheckt

Mein Freund
im Leben
da haben wir
Erfahrungen gemacht
es hat uns
an verschiedene
Orte und Plätze
gebracht
hat von uns
gefordert
jeder hat seine
Sache gemacht

Mein Freund
nun bin ich
wieder
an diesem Ort
warum kann
ich dich nicht
erreichen
du stehst
vor mir
bist doch
so weit fort

Gabelung

An der
Gabelung
des Weges
blieb ich
stehn
musste überlegen
wohin
will ich denn
gehn

An der
Gabelung
des Weges
da hab ich dich
gesehn...
wusste dann
wohin
ich wollte
musste
weitergehn

An der
Gabelung
des Weges
da hat es sich
entschieden
dort
musste ich her..
allein bin ich
geblieben

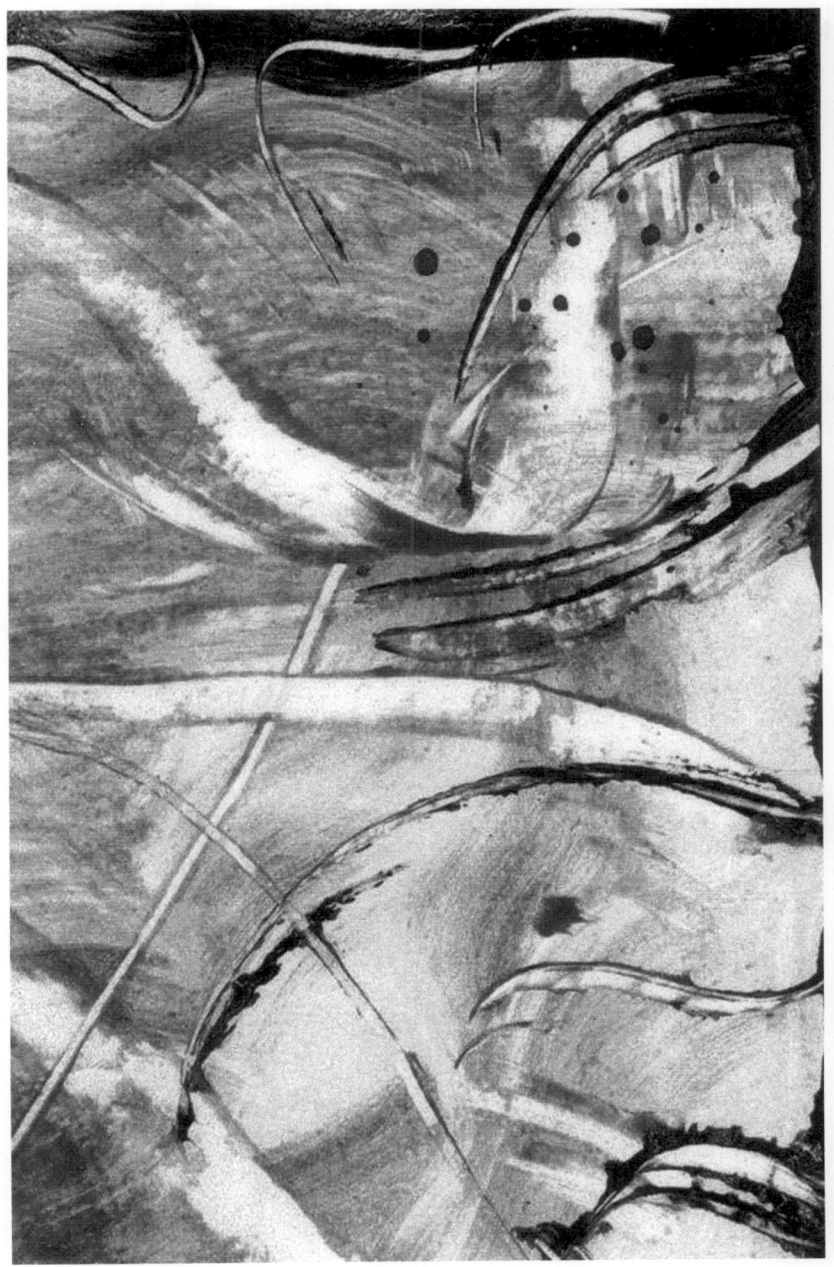

He du

He du
da hinter
der Gardine
warum zeigst
du dich
nicht

He du
willst du dich
verstecken
auf Dauer geht
das nicht

He du
hinter deinem
Grinsen
kann ich dein
Lachen
nicht sehn

He du
da hinter
all deinem
Gehabe
kann dich
kein Mensch
verstehn

He du
hinter deinem
Stöhnen
was verbirgt sich
in dir

He du
lass dich
mal gehen
dann ist
es auch besser
mit mir

Hektisches Treiben

Ungeduldig...
hektisches Treiben
Anspannung
du kannst vor
lauter Autos
die Strasse
nicht sehen
und immer
wieder...
diese Enge...
komm ich
da durch
ist da noch Platz
Stimmen...
kein Gespräch
mehr dieses
ich will gleich-
sofort
auf Biegen
und Brechen...
ich bin stärker
du schneller
keine Minute
Zeit
als wenn alles
sofort passieren
sollte
gegen einander
zu wenig Licht
tristes Grau
ungeduldig
hektisches Treiben
und ja nicht
angesprochen werden
bloss nicht
anschauen

nicht zu lange
hin sehen
ja nicht stehen
bleiben
immer mit dem
Strom
nicht auffallen
immer so erscheinen
als hätte man
noch was wichtiges
zu tun
nicht bücken
immer die
Haltung bewahren
Gesicht zeigen
ungeduldig
hektisches Treiben
ein Vernehmen
sich breit machen
erobern
in Besitz nehmen
unterdrücken
Zäune bauen
Mauern...
Türen zum Verschließen
schmale Strassen
breite Strassen
kurze
und lange Wege
Brücken und
Treppen
rote Ampeln
Zebrastreifen
Verkehrsschilder...
und immer auf
der Hut sein

lass mich einen
Moment
da raus
hektisches Treiben
Ich will meine
Richtung
nicht verlieren
mein Ziel
und meinen
Gang
etwas Eigenes
mir bewahren
nicht getrieben
sein
einen Augenblick
einen ganz
kleinen
alles abstellen
Ruhe
hektisches Treiben

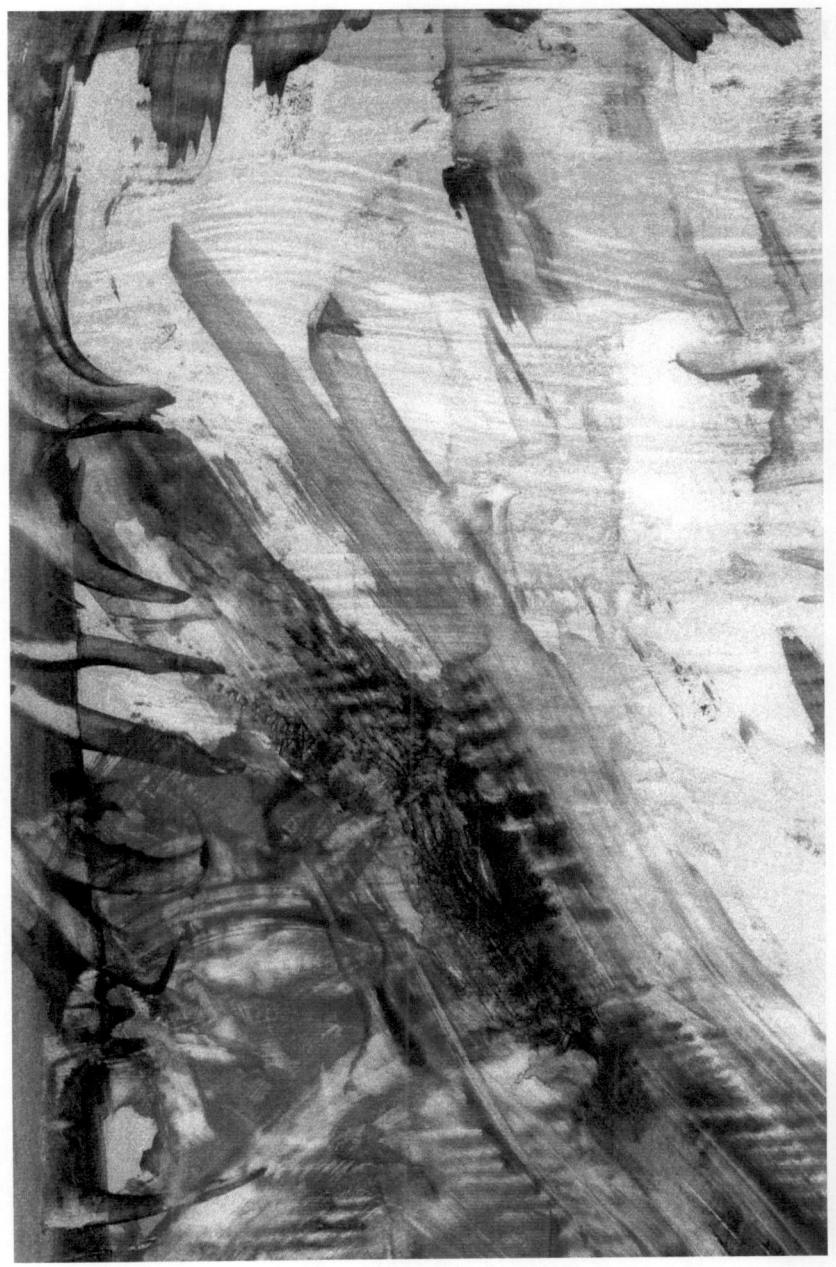

Ich starre

Ich starre
die Wand an
kann nicht
dahinter
schaun
meine zu
denken
doch ist es
vielleicht
nur bittere
Galle
das letzte
Zucken
überdrüssig
gelangweilt
den Spiegel
vor mir
doch ich ertrage
es nicht
hinein zu
schauen
meine Wahrnehmung
abrupt
gestört
starrer Blick
Ich meinte
ich denke
doch ich schmore
in meinem
eigenen
Sud
gehetzt
und gejagt
verfolgt vom
Unsinn

wo soll sie
denn sein
die Wahrheit
der ich
ins Gesicht
schauen
wollte

Ich weiss nicht

Ich weiss nicht
ist es Regen
oder Sonne
sind es meine Augen
....ist es meine Seele
was alles so trüb
erscheinen lässt
ohne Leid
keine Freud
alles in ständigem
Wechsel
und es bleibt ein
schmaler Grat
Balance zu finden...
.....sonst ein unendlich
tiefes Fallen
die Reise
ohne Ziel
alles steht offen
vielleicht nehm ich
es nur nicht
wahr

Ich weiss nicht
was mich aus meinem
trägen schleppenden
Gang
zum Tanzen bewegt
die Farben zum
Leuchten bringt....
Buchstaben zu
Worten fügt
wer die Geschichten
zum Leben bringt
männlich
weiblich

Ich weiss nichts
es fließt durch
mich
wo her
wo hin
ist es meine Stimme
....die singt
bin ich nur ein
Werkzeug
ein Teil von
einem Ganzen
ist es.....
das Leben
Ich....
weis nicht

Unruhe
in mir
es treibt mich
hin und her
Gedanken kreisen
kein Zusammenhang
ich laufe
ich sitze
alles dreht sich
kein Halt
alles läuft ab
wie in einem
Film
ich hab keinen
Einfluss darauf
bin nur ein Beobachter
einer, der am
Rand steht

Ich weiss nicht
warum es so ist

Ich weiss nicht
was es für einen
Sinn hat....

mir ist
kalt....
und warm
mein Körper...
schwer
beladen mit Steinen
....
die ich hinter
mir her schleppen
muss

Ich werd noch mal

Ich werd
noch mal zu
dem Ort gehen
an dem ich
dich gesehn
Es war nur
ein kurzer
Augenblick
doch noch immer
bist du
bei mir

Ich werd noch mal
zu dem
Ort gehen
und schauen
was von dir
noch da ist
Hab ein grosses
Vertrauen
den Weg zu
dir zu
finden

Ich werd noch
mal zu dem Ort
gehen
und lauschen
was mich
bewegt
will nichts
erreichen
nichts
besitzen
nur wissen
was es
war

Ich werd noch
mal zu dem Ort
gehen
bei Tag
und
bei Nacht...
vielleicht auf
dich warten...
dann können
wir sehn
was uns es hat
gebracht

Krampf

Der Krampf
im Fuß
der mich
nicht
auftreten
lässt
doch ich
suche Halt

kann nicht
gehn
und nicht
stehn...

das Kreisen
in meinem
Kopf
alles dreht
sich

nichts mehr...
so weit
zu erkennen...

das es sich
unterscheidet...
nichts
mehr
aber gar nichts
holt mich
aus diesem
Karussel

Das Innere
würgt sich
nach Außen
sauer
und stechend
in meiner
Brust

Wasser
aus allen
Poren

Menschen
die ich
kannte
verabschieden
sich

Ich ringe
nach Luft
Ich will nicht
Ersticken

ich richte
mich
auf
ich falle

ich bin
blind
ich will
sehen

es wird
mir so
kalt...
Die Kleider
sind nass
es ist mir
so heiß
ich werde
ganz blass...

Kurzer Blick

Noch einen
kurzen Blick...
warf die Sonne
in mein Zimmer
langsam
verschwand der Tag
der Abend kam
es wird dunkel
da draußen
die ersten Sterne
am Himmel...
und die Sichel
des Mondes

Noch einen
kurzen Blick...
zurück
auf all das
was heut geschehen...
dann
wird es Nacht
sein
die Träume kehren
ein...
noch ein kurzer
Blick

Lachen

Es könnte
noch ganz
lustig werden
da ich über mich
selber lachen kann
Es könnte
auch ganz traurig
sein
wenn ich dann
über mich lache
und am besten
würd es mir
gefallen
wenn ich lache

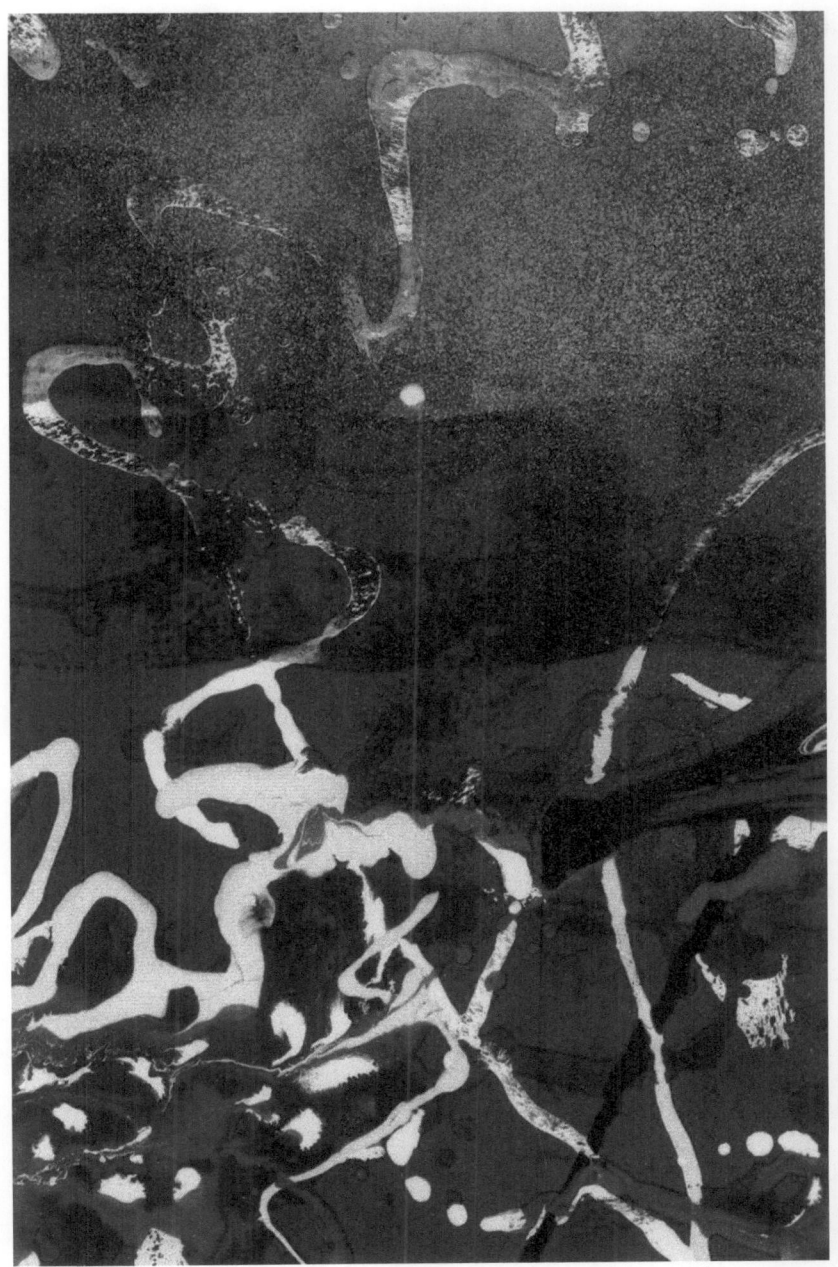

Milchkaffee

Milchkaffee
mit viel
Zucker
und ein Brötchen
dick
mit Butter

Sitz im
Kaffee
schau durch
des Fensters
Glas
und hab dabei
so meinen
Spaß

Frauen schauen
Männer eilen
keiner will
wie ich
verweilen
Kinder lachen
dabei lustige
Sachen machen

Alles bleibt
auf einmal
stehn
rote Ampel
kannst nicht
gehn

Milchkaffee
mit
viel Zucker
und ein Brötchen
dick mit
Butter

Autos rasen
Busse rattern
...noch ein
Moped
hör ich
knattern

Ich sitz hier
ich will
was hören...
dabei nicht
die Anderen
stören

Ampel schaltet
jetzt auf grün
kommt ne Frau
die ist...
sehr schön

Alle streben
in die Stadt
haben halt
was zu besorgen
für den
Mittagstisch
von morgen

bleibt dann
auch
mal einer
stehn
die Anderen
wollen
weitergehn

Milchkaffee
mit viel Zucker
und ein Brötchen
dick mit Butter

Ein Händler
schreit
von
Angeboten
Ein Straßenmusiker
spielt
nach Noten
ein Anderer
seine Zeitung
liest
ein Anderer
sich den Tag
vermiest

Dann
hör ich
mehrere Stimmen
lachen
seh einen
dann
den Kasper
machen
auf ´ner Bank
spielt einer
Flöte

sein Gesicht
von leichter
Röte

Milchkaffee
mit viel Zucker
und ein
Brötchen dick
mit Butter

schon eine ganze
Weile
hab ich hier
so gesessen...
dabei die
Zeit vergessen...
mittlerweile
trink ich
im Stehn...
der Laden
ist voll
soll ich jetzt
gehn...

Ich meinen
Finger heb
setz ein
Zeichen
will meine
Rechnung
jetzt begleichen
...Kellnerin
kommt auf
mich zu
mit ´nem
Zettel

gleich per du
Kellnerin
hat keine
Zeit...
einer
Milchkaffe
und Brötchen schreit

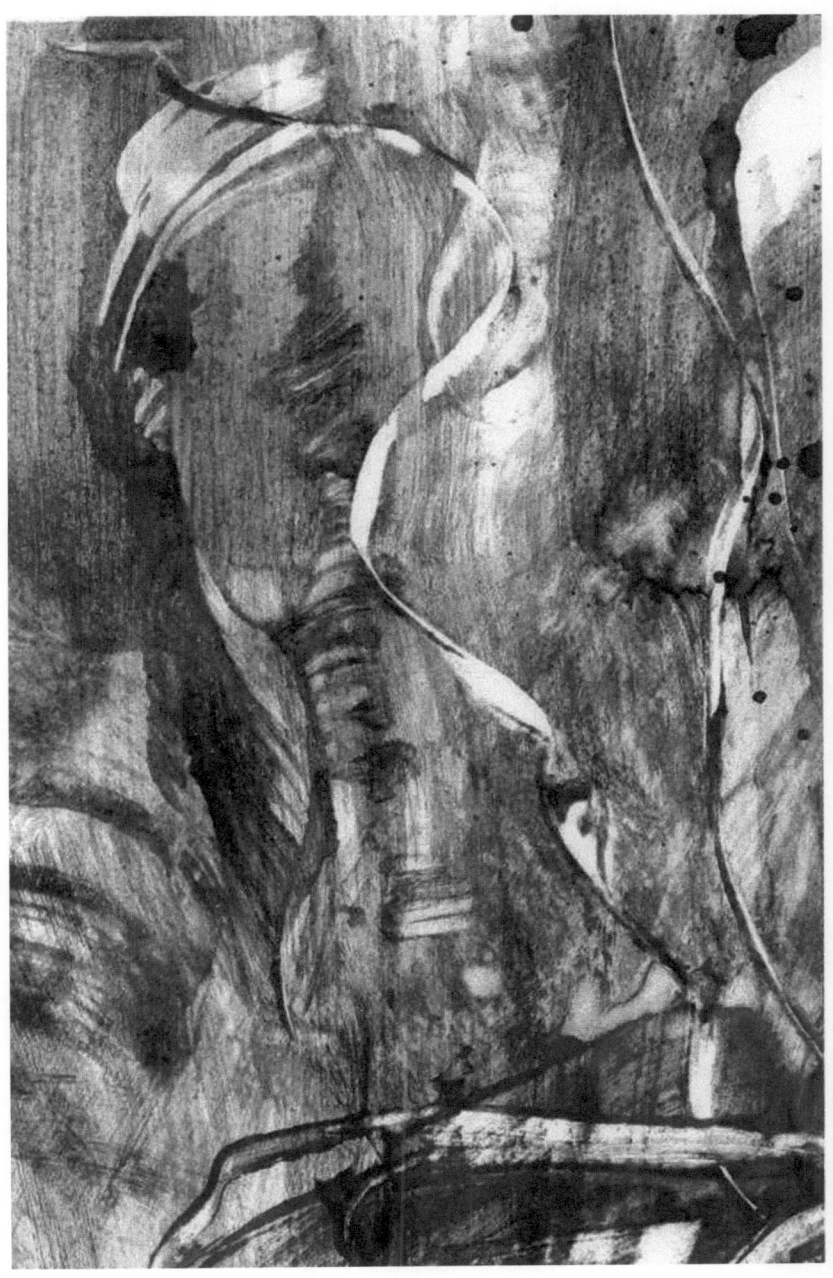

Mit dem Fahrrad

Gestern bin ich
mit dem Fahrrad
losgefahren. Ich wollte
ein wenig rauskommen, aus der
Stadt, den Strassen
den Häusern
und auch weg von
den Menschen
ein Stück offene
Erde finden
ohne Teer, Beton
und zugepflastert.
Es war mir mal
wieder zu eng geworden

Einige Zeit später
kam ich dann
zu einem Stück
Ackerland. Ich
stand am Rand
und vor mir
zwei alte Eichen
Die mir auch
als altes Pärchen vorkamen.
Als ich mich an
ihnen anlehnte
sie berührte
es war, als sprechen
sie zu mir
Wir kennen dich
und wissen
was dich bewegt
behalte die Übersicht
fahr zurück
schau es dir noch
mal an
nimm wahr

danach war
ich gelöster
an der nächsten
Ampel kam ein
Hund auf mich zu
und wollte gestreichelt werden....
Das Pärchen
werde ich mal
wieder besuchen.
Ich denke, das mir
noch einige Begegnungen bevorstehen.
Wenn man es will
-zu
lässt.

Montag Morgen

Montag Morgen
sechs Uhr
die zweite Kippe
im Gesicht
n' Kaffee
die Zeitung durchflogen
es muffelt nach
kaltem Rauch

Montag Morgen
Der Kessel bebt
der Kessel vibriert
Motoren aus der
Ferne
eine unruhige
Geräuschkulisse
alles kommt in
die Gänge
bestrebt
den Arbeitsplatz
zu erreichen

Montag Morgen
Türen schlagen
hastige Schritte
keine Zeit
für einen Gruss
Bahnen rattern
Busse fahren
Flieger landen
was ist los...

Montag Morgen
warum will
mich keiner
nehmt ihr mich
nicht mit
braucht mich
keiner...

Montag Morgen
Asche fällt von
meiner brennenden
Zigarette
der Kaffee lauwarm
die Bude muffelt
noch immer
nach kaltem
Rauch

Montag Morgen
Ich mag die
Fenster nicht
öffnen
draussen ist ein
Treiben
als wenn alle
zur gleichen
Zeit
mit einem Male
alles noch in
Ordnung bringen
wollten

Montag Morgen
es dampft
zischt und dröhnt
rotiert...
der Kessel
platzt...
was ist passiert

Montag Morgen
Ich sitz noch
hier
Ich bin
am schreiben
durch eine
Wand
getrennt
vom Treiben
Montag Morgen

Nacht

Nacht
warum
lässt du
mich nicht
schlafen
steh ich
in deiner
Schuld
was hab ich
dir getan

Nacht
warum
holst du mich
aus meinen
Träumen
hab ich dir
zu viele
Gäste
mitgebracht
hätt ich dich
vorher
fragen sollen

Nacht
warum
die Zweifel
in
meinem Kopf
hab ich
zu laut gelacht
deine Ruhe
nicht bedacht

Nacht
warum...
hab deine
Dunkelheit
berührt
deine Finsternis
studiert
hab dich
um die Ohren
geschlagen
konntest
du das
nicht ertragen

Nebel

Früh am Morgen
Nebel liegt über der
Stadt
mein Fenster ist
grau.....schimmernd
dicke Tropfen
beschlagen...
wie von einem
feucht warmen Atem
- Stille...
Vögel kann man
hören...
ist es Sprache
ist es Musik
eine Komposition

Nebel
liegt über der Stadt
eine eigenartige
Stimmung
in sich verharrend
mit so einer
gewissen Erwartung
was kann jetzt
kommen
Regen
Sonnenschein
ein Gewitter
was ist hinter
diesem grauen
Schleier

Nebel
liegt über der
Stadt
niederdrückend
das undurchdringliche Grau

und es weiss nicht...
feucht...
will es
trocken sein
ist so ein Zustand
...der Erwartung...
sich aufzulösen

Nebel
liegt über der
Stadt
wie in Watte
gehüllt
und eine Vorstellung
davon
was hinter dem
Vorhang ist
Nebel
liegt über der
Stadt

Regenfahrt

Die Fahrt
durch den Regen...
angenehm...
die Nässe in meinem
Gesicht
die Erde atmet
nein...
ich wollte nicht
umkehren
weiter fahren...
nein
ich möchte nicht
im Zimmer sitzen
ich will den
Regen spüren
wie er durch
die Haare
den Nacken
hinunterläuft
an meinen Beinen
wird
es feucht
nein
ich will nicht
durchs Fenster
schauen...
ich will
da durch
es ist dann
ruhiger
da draußen
hier und da...
mal jemand
unterm Schirm...
ein paar Autos
fahren vorbei...

alle bestrebt
schnell...-
da durch zu kommen
ich...
fahre weiter
ich will den Regen
spüren
und vielleicht...
sehe ich morgen
wieder die Sonne

Sonntag

Wieder
einer von
vielen
Sonntagen
die Glocken
der Kirchen
läuten

ich hab
kein weißes
Hemd
keine Krawatte
die sich
um meinen
Hals
schnürt
keinen Anzug...
und
keine
weiße
Weste...

die Schuld
die ich
tragen muss
nimmt
mir
keiner ab

Wieder
einer
von vielen
Sonntagen...
die Glocken
der Kirchen
läuten

hab vergessen
die Sünden
die ich
getan
Ich
glaube...
drum bin
ich ein wenig
zerrissen

in der
Kirche
wird man
mich nicht
vermissen

Sorry

Sorry
neuer Tag
unbeeindruckt
bist du da
Ich steh
in meinen
letzten Lumpen
vor dir

Sorry
neuer Tag
mein Haupt
gesenkten
Blickes
im Blut
den letzten
Alkohol
mein Haar
zerzaust
ich kann kaum
noch auf den
Beinen stehn

Sorry
neuer Tag
weis nicht
was du mir
bringen magst
kann kaum
noch sehen
kaum noch
gehen
die Haut
verklebt
und Sand
in den Augen

Sorry
neuer Tag
da ist nicht
mehr viel
von mir
meine Augen
fallen zu...

Ich kann dir
nicht
begegnen

Stadt

Stadt
warum hast
du
dein altes Gesicht
verloren
wer hat an dir
Hand angelegt
wo sind
die mir alt vertrauten
Hausfassaden
geblieben
das Gesicht
das du hattest
dich von anderen
Orten
Unterschied
wer hat das
alles so lieblos
gleich gemacht
Beton
und starre
kalte Glasfassaden
wer
hat dir die Ruhe
genommen
deinen Charakter
deine Vertrautheit

Stadt
warum
hast du dein altes
Gesicht verloren...
willst du deine
Vergangenheit
Vergessen

deine Geschichte
das was dich
entstehen ließ
warum
machst du dich
so unpersönlich
gleich
kannst du mich
noch erkennen...

Stadt warum
hast du dein
altes Gesicht
verloren

Tee

Ich höre
das Ticken
der eingestellten
Uhr
noch knappe
fünfzehn Minuten
nicht
viel Zeit
die da
noch bleibt
aber gut
das man´s
weiss
oder
nicht?

Noch dreizehn
ganze
Minuten
mir bleibt
ja garnichts
andres über
als
abzuwarten
was sollte
ich denn
machen
nichts ist
mehr
aufzuhalten

die
Zeit
läuft
und
alles nimmt
seinen

Lauf
so
wie
es
sein sollte
geplant
war

Das Ticken
monoton
für einen
Moment
war mir
als wenn
alles
stehen...
bleibt

Ich kann
da nicht
eingreifen
die Zeit
ist festgelegt
Ich wüsste
nicht
was ich
jetzt noch
aufhalten
könnte
wo ich´s
machen
sollte
und wie...
Das Ding
tickt
eben

bin wie
gelähmt
noch knappe
fünf Minuten
...
dann hab
ich´s hinter
mir
fünf Minuten
oh Mann
kommen
mir
ewig
lang vor
drei...
auch
noch zwei...
eine...

Tee
ist fertig

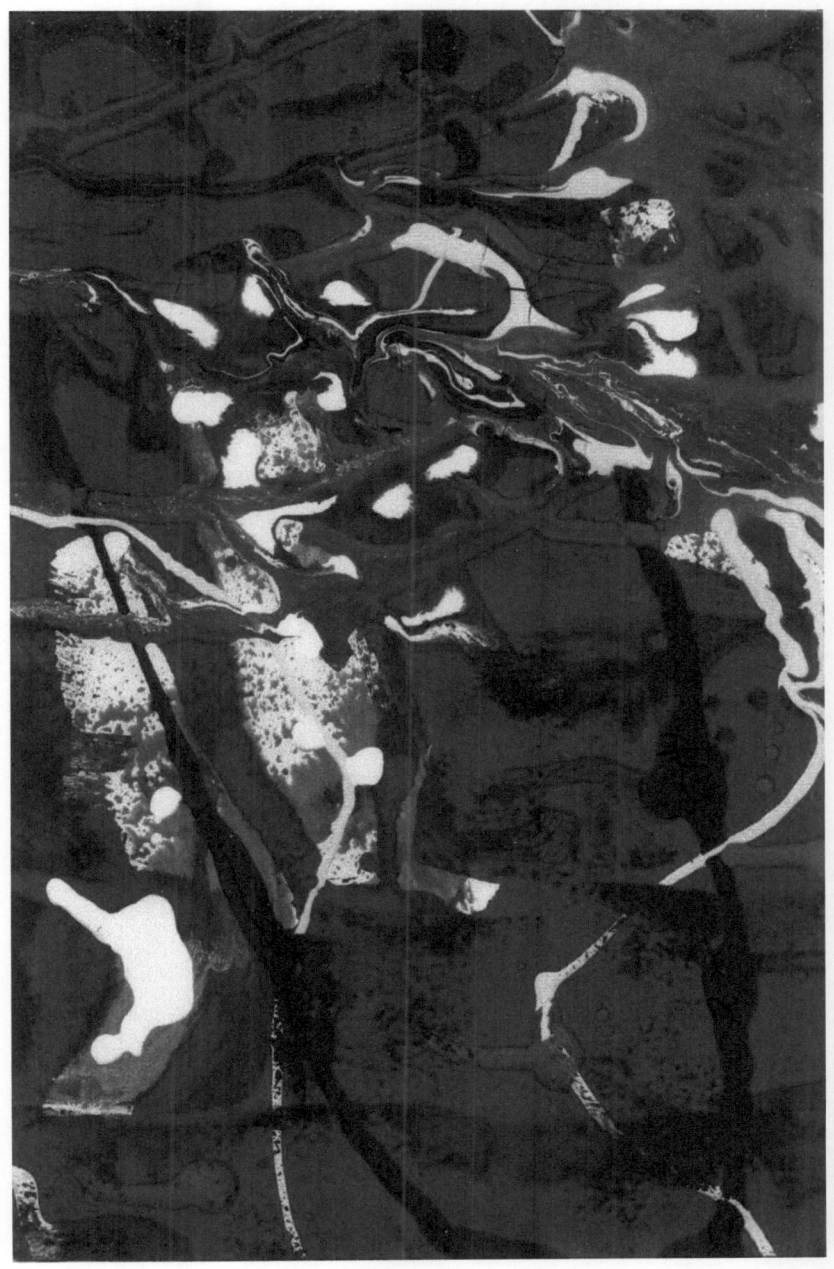

Telefon

Klingeln
am Telefon
du denkst
ich komme
schon...
sitz grad
hier
und schau
in mich
komm nicht
sofort
ich brauch
dich nicht

Klingeln
am Telefon
du denkst
ich komme
schon
meine Gedanken
gehen weit
für dich
hab ich
jetzt
keine Zeit
will
mich selber
doch erreichen
warte
von dir
auf kein
Zeichen

Klingeln
am Telefon
du denkst
ich komme schon

Mensch...
das Teil
soll jetzt
ruhn
muss jetzt
andre Dinge
tun

Ich hab
das Kabel
rausgerissen
das Teil
aus dem Fenster
geschmissen
und
glaubt es mir
es ist kein
Frohn...

das Ding macht
endlich keinen
Ton

Unerträglich

Darf ich
dir sagen
das du mir
unerträglich
bist
deine
verkrampft
verzerrten
Gesichtszüge
ich nicht
länger sehen
kann
wo´s nicht
mehr
weiter geht
Gewalt
und zerstören
am liebsten
alles
platt machen

was einer
anderen Art
entspricht
alles
zu sudeln
mit
Dreck beschmieren...
aus dem man
selber
nicht
heraus schauen
kann

nichts
zu lassen
ja nicht
das etwas
entsteht
was man
sowieso
nicht begreift

in seiner
furchterregenden
Starre
alles
niedertrampeln
bevor
es wachsen
kann...
in seiner
Blindheit
nichts
beachten
am besten
alles
niederschlachten

da bist
du
irgendwo auf
der Strecke
geblieben...
keiner kann
dich so
lieben

Voll Beladen

Voll
beladen
mit allem
was ich noch
meinte
mitnehmen
zu müssen

Voll
beladen
mit allem
was meine
Ungewissheit
war

Voll
beladen
mit allem
wo von
ich glaubte
das es
wichtig war

Voll
beladen
mit allem
wo ich meinte
mich nicht
davon trennen
zu können

Voll beladen
mit allem
was mich bedrückte
unter
deren Last
ich nicht
weiter kommen
konnte

Voll
beladen
mit allem...
von der Vergangenheit
was soll ich
da lassen
was nicht mehr
mitnehmen

Voll
beladen
mit allem
ja
sag mir
was bloß
wie werd
ich
es los

Von Freude

Von Freude
war dein Gruß
als wir uns
sahen
ein Strahlen
in deinem
Blick
eine Sekunde
in unserer
Zeit
nicht allein

Von Freude
der Moment
ein Gegenüber
die Zeit verweilt
sie eilt

Von Freude
und all dem
Getue erlöst
ohne ein Wort
zu sagen
und doch
verstehn

Von Freude
ohne zu benennen
nicht davon
zu rennen...
im Augenblick
zu verweilen
Freud
und Leid
kann man
es teilen

Vorhang

Nein
ich brauche
den Vorhang
nicht mehr
will meinen
Schmutz
nicht dahinter
kehren
es ist
kein Platz
mehr dafür

Nein
ich brauche
den Vorhang
nicht mehr
es ist mir
zu dunkel
dahinter
zu stehn
es ist mir
zu finster
dahinter
zu gehn

Nein
Ich brauche
den Vorhang
nicht mehr
und wenn
dir doch nach
nem Vorhang
ist

vergrab
doch besser
deinen Mist
So hast du
nicht mehr zu
verstecken
was hinterm
Vorhang
zu
entdecken

War es

War es
die Liebe
die euch
zusammen
gebracht
war´s
die Einsamkeit
der Nacht

kam´s mehr
vom Kopf...
nicht alleine
zu sein...
war es die
Bequemlichkeit
die eigene
Last
nicht tragen
zu wollen

war
deine Geilheit
was dich
getrieben...
bist du deshalb
nicht alleine
geblieben

War es
der Zufall
eine
Illusion
bitte keine
großen Worte...
das kenne ich
schon

War es
die Eitelkeit
in dir
oder nur das
ungeduldige Tier

War es
die Einsamkeit
der Welt
was eure Hände
zusammen
hält

war es dies
nicht warten
können
war es dieses
haben wollen
vom allein
sein
weg zu
rennen

war´s zufällig
auf deiner
Jagd...
dein auserwähltes
Opfer
das seine
Zeit
mit dir
verbringen
muss
wenn ich
euch seh
ergibt es keinen
Sinn

wenn ich
euch seh
dann haut
es mich
hin

war es
der Teufel
der euch
getrieben
habt ihr
aneinander
gerieben

war es
die Lust
war es
der Frust...
für mich
ergibt es
keinen Sinn

wie gut
das ich
alleine bin

Was ist denn

Was ist
denn
das Schlimme
daran
das man
nicht alles
bestimmen
kann

müssen
wir
die Welt
gestalten
wärs nicht
klüger
sie zu
erhalten

Was ist denn
so groß
an unserem
Tun
lassen
wir besser
die Dinge
ruhn

Was ist
so beeindruckend
an unserem
Treiben
wie wir
uns alles
einverleiben

Was ist
denn
das Schlimme
daran...
das man
mit Geld
nicht alles
bezahlen kann

Weite Kreise

Weite Kreise
ziehend
in verschiedenen
Ebenen
Himmel
und Erde
das Wasser aus
der Quelle

Weite Kreise
ziehend
schwingend
ohne Ende
Ton auf Ton
ein Ganzes werden
klingen...
ein Teppich
ein Gebilde
aus lauter
Knoten
zu lösen
so will es
in die
Ewigkeit

Weite Kreise
ziehend
wie Säure
in meinem
Hirn
das klebrig
Pelzige
auf meiner Zunge
sich löst

Weite Kreise
ziehend
von Wolken begleitet
zu den
Sternen
immer einen
Schritt weiter
langsam
aufbauend
Stein auf Stein
in Verbindung
bleiben
zur Berührung
kommen

Weite Kreise
ziehend
Teil eines
Liedes
eines Bildes
hoch springen...
fallen
wieder aufstehn
Teil
einer Melodie
die Finger
in einem Stück
Theater

Weite Kreise
ziehend
ein kleines
Leuchten
am endlos großen
Himmel
wie der Adler...

und
mit den Augen
wahrnehmen
bis ins kleinste
Detail
und spüren
was dahinter
ist
und was zusammen
gehört

Weite Kreise
ziehend
über das Unterscheiden
nähern können
zu differenzieren...
so fügt
sich
das Eine
in das
Andere
wie
von Selbst
in das Sein...
und
der Klecks von
Farbe
ein Bild
von endloser
Tiefe
da ganz im
Innern

Weite Kreise
ziehend
verspüre den
Tanz
in deinen müden
Beinen

die Farbe
in deinem
fahlen Gesicht
wie die Haut
in kleinen Teilchen
sich schuppt
Erde zu Krumen...
Wasser zu
Tropfen
und in all deiner Angst
über den Rand
zu fallen

Weite Kreise
ziehend
das erste Licht
in deinen
Augen
der erste
Schritt getan
das erste
Mal
wirst du
an dich glauben
Zweifel
ergehn...

Weite Kreise
ziehend
hat Ruhe
dir gebracht
in der Fülle
all der Dinge
in der Schwäche
in der Kraft

Wir standen am Tresen

Wir standen
am Tresen
haben uns
gesehn
ein kurzer
Blick
dann war´s
geschehn

die
innere Leere
die hat
uns zusammen
gebracht
hier an der
Theke

dann
in der
Nacht
die Leere
und Verzweiflung...
...der Alkohol
machte uns
benommen
sonst wäre
das alles
nicht
vorgekommen

der Morgen
kam dann
das Helle
ins Zimmer
konnt mein
Gesicht nicht
ertragen

wurd immer
schlimmer

Wir standen
am Tresen
haben
uns gesehn...
jetzt muss
ich aber wirklich
gehen

Wusste nicht warum

Hier und
dort
bin ich
gewesen
und wusste
nicht
warum

es hat mich
halt so fortgetrieben
bin an keinem
Ort geblieben
und wusste
nicht
warum

Auf der
Suche
meiner Reise
trieb ein
inneres Gefühl
konnt nicht
verweilen
musste
eilen
und wusste
nicht
warum